AF110299

www.ingramcontent.com/pod-product-compliance
Lightning Source LLC
LaVergne TN
LVHW021240080526
838199LV00088B/5434
9789358726794

ڈی این اے:
تخلیقِ الٰہی کا کرشمہ

انجم اقبال

© Taemeer Publications LLC

DNA - Takhliq-e-Ilaahi ka Karishma

by: Anjum Iqbal

Edition: March '2024

Publisher :

Taemeer Publications LLC (Michigan, USA / Hyderabad, India)

ISBN 978-93-5872-679-4

مصنف یاناشر کی پیشگی اجازت کے بغیر اس کتاب کا کوئی بھی حصہ کسی بھی شکل میں بشمول ویب سائٹ پر
اَپ لوڈنگ کے لیے استعمال نہ کیا جائے۔ نیز اس کتاب پر کسی بھی قسم کے تنازع کو نمٹانے کا اختیار
صرف حیدرآباد (تلنگانہ) کی عدلیہ کو ہو گا۔

© تعمیر پبلی کیشنز

کتاب	:	**ڈی این اے: تخلیقِ الٰہی کا کرشمہ**
مصنف	:	**انجم اقبال**
صنف	:	غیر افسانوی نثر
ناشر	:	تعمیر پبلی کیشنز (حیدرآباد، انڈیا)
سالِ اشاعت	:	۲۰۲۴ء
صفحات	:	۲۴
سرورق ڈیزائن	:	تعمیر ویب ڈیزائن

ڈی این اے کیا ہے

ڈی این اے (DNA) کی معلومات تک پہنچنا سائنس کی تاریخ کا بڑا اہم سنگ میل ہے۔ سائنس جو خدا کی منکر ہوگئی تھی اب خدا کا اقرار کیا چاہتی ہے۔ دنیائے سائنس نے مان لیا ہے کہ چارلس ڈاروَن کے تصورِ ارتقا نے انسانیت کے ۱۵۰ سال خراب کیے ہیں۔

اس سے پہلے کہ ڈی این اے کی تفصیل بتائی جائے کہ اس دریافت نے کس طرح خدا کے قریب ہونے کا راستہ ہموار کیا ہے، ہم یہ بتاتے چلیں کہ ۱۹ویں صدی میں تین بڑی طاقتور آوازیں گونجتی رہی ہیں جن میں سے ہر آواز کے لاکھوں پیروکار پیدا ہوئے۔ ان میں ایک آواز کارل مارکس کی تھی جس نے تمام دنیا کے محنت کشوں اور کاری گروں کو یک جہتی کا پیغام دیا۔ اس کے تصورات اتنے جامع قرار پائے کہ تاریخ، معاشیات و مالیات، سیاست اور معاشرے کے مکمل احاطے کے ساتھ علم و دانش کے بے اندازہ شعبوں کو متاثر کر گئے۔ یہ انقلاب برپا کرنے اور اپنی دنیا آپ تبدیل کرنے والے خیالات تھے جو اپنی ابتدائی شکل میں ۱۹۴۸ء میں اشتراکی منشور (Communist Manifesto) کی شکل میں سامنے آئے۔ یہ مادہ پرست پس منظر میں صرف دولت کی تقسیم پر سماج کی تعمیر کا وہ خواب تھا جس کی

تعبیر روس میں بڑے پیمانے پر آزمائی گئی۔ روئے زمین پر اس تصور کے کروڑوں پیرو کار پیدا ہوئے اور اس کی ہم نوائی میں زندگی کی تعبیر پھر سے کی جانے لگی۔ خدا ناشناس علمی عنوانات، روشن خیالی، ترقی پسندی، آزاد خیالی، عورتوں کے حقوق جیسے سیکڑوں خوب صورت الفاظ تراشے گئے جو عام آدمی کو خوش کرنے اور ایک معیاری انصاف پسند دنیا بنانے کا ولولہ انگیز طوفان تھا جو بڑے بڑوں کو بہالے گیا۔ روس کے خاتمے کے ساتھ یہ اپنے انجام کو پہنچا۔ اس کے تمام ہم نوا اور پیرو کار اپنے اپنے بلوں میں واپس جانے کے راستے تلاش کرنے پر مجبور ہو گئے۔

دوسری آواز فرائڈ کی تھی جو ۱۲۸۸ء میں شعور اور تحت الشعور کی بحث کے ساتھ اُبھری، اس نے تجربات سے ثابت کیا کہ بھولی ہوئی یادیں اور تجربات تحت الشعور میں محفوظ ہو جاتے ہیں اور ان کو واپس یاد دلایا جا سکتا ہے۔ ان تجربات کو کرنے کے لیے اس نے نفسیاتی تجزیے (psychoanalysis) کا وہ تجرباتی طریقہ پیش کیا کہ رومانی دنیا کے انسانی ذہن کے لیے لامحدود وسعتوں تک ترقی کر سکنے کے امکانات وا کر دیے۔ یورپ، امریکا اور دنیا بھر میں نفسیاتی تجزیے کی تجربہ گاہیں کھل گئیں۔ فرائڈ کی سب سے زیادہ مشہور تشریح اس کا لبیڈو (Libido) نظریہ تھا جس کے لاتعداد ہم نوا اور بے اندازہ مخالفین بھی سارے عالم میں اٹھ کھڑے ہوئے۔ لبیڈو نظریہ کے تحت انسان اپنی تمام نشوونما میں پیدا ہوتے ہی یعنی ماں کا دودھ مانگنے کے وقت سے موت کی آخری ہچکی تک ایک جنسی تسکین کا متمنی رہتا ہے۔ جنسی لذت کی کمی اور زیادتی کے تجربات کے تحت ہی انسان کی تمام جسمانی، ذہنی، دماغی، عملی اور دانش مندی کی کارفرمائیاں وجود پاتی ہیں۔ اس نظریے کو

انسان کے تمام اوامر زندگی پر محیط کرنے کی کوشش عالمی پیمانے پر کی گئی۔ یہ خود پسندی (Narcissism) تھی، یعنی وہ نفسی کیفیت جس میں انسان اپنی ہی ذات کو کامل اور خود اپنے ہی عشقِ ذات میں محور رہنا کافی سمجھتا ہے۔ اپنی جسمانی لذتوں کے پانے میں گم ہو جانے اور اسی کو مرکز حیات اور مقصد کائنات سمجھنے اور سمجھانے والوں کی یہ شدید گونج مختلف ناموں سے ۱۹ویں صدی میں اٹھی اور پوری ۲۰ویں صدی میں گونجتی رہی اور بالآخر ۲۱ویں صدی کے آتے آتے غلط اور بے بنیاد ثابت کر دی گئی۔

تیسری آواز ڈارونِ کی تھی جس نے انسان کو بندر کا رشتے دار بتایا اور فلسفہ ارتقاکے دیوانے گھر گھر نظر آنے لگے۔

۲۰۰۰ء میں یہ ثابت ہوا کہ جب روشنی کی رفتار کو کئی گنا بڑھایا گیا تو اس تجربے کے دوران سائنس دان یہ دیکھ کر حیران رہ گئے کہ اس تجربے میں تاثیر (effect) اس کے سبب (cause) سے پہلے ہوئی۔ ایک اخبار نے لکھا کہ یہ ثابت ہوا کہ کسی سبب سے پہلے اس کی تاثیر کا ہونا ممکن ہے۔ اب تک خیال تھا کہ کسی بھی اثر، انجام، نتیجہ یا حاصل کو پانا اس کے سبب، وجہ یا علّت کے ہونے کے بعد ہی ممکن ہے۔ یہ تجربہ ثابت کرتا ہے کہ کسی واقعے کی انتہا اس کی ابتدا سے پہلے بھی ممکن ہے۔ دوسرے الفاظ میں یوں کہیں کہ واقعہ خود اپنے آپ میں ایک تخلیق (creation) ہے۔ یہ کسی دوسرے واقعے کا ردعمل نہیں ہے۔ اب تک جو کہا جاتا رہا ہے کہ ہر عمل کسی عمل کا ردعمل ہے یا یہ کہ:

There is reaction to every action

یہ غلط ثابت ہوتا ہے۔ ۲۵ جون ۲۰۰۰ء کو یہ بھی ثابت ہوا کہ ایک قدیم چڑیا کا فوسل (fossil) جو لاکھوں سال بعد دریافت ہوا وہ بھی چڑیا ہی تھا یعنی لاکھوں سال پہلے سے اب تک اس چڑیا میں کوئی ارتقا (evolution) نہیں ہوا۔ آج کی چڑیا بھی بالکل وہی چڑیا ہے جو لاکھوں سال پہلے تھی۔ ۲۰۰۱ء میں انسانی جینوم (genome) پراجیکٹ مکمل ہوا جس میں زندگی کے حیاتیاتی میک اپ (biological makeup) کا مکمل نقشہ تیار کیا گیا جو اس صدی کا بڑا سائنسی کارنامہ ہے۔ اس پراجیکٹ کے نتیجے میں یہ بات اور واضح ہوگئی کہ خدا کی تخلیق جو انسان کی شکل میں ودیعت کی گئی ہے وہ زندہ اشیا میں سب سے عظیم تخلیق ہے۔ ماہرین ارتقا کوشش کر رہے ہیں کہ انسانی جین (gene) اور جانوروں کے جین میں مشابہت کی افواہ پھیلا کر کچھ مواد اپنے مطلب کا نکالنے میں کامیاب ہو جائیں۔ مگر حقیقت یہ ہے کہ دانش وروں اور سائنس دانوں کی بڑی تعداد نظریہ تخلیق کی حامی (creationist) ہوتی جا رہی ہے جن کا یہ اعتراف ہے کہ دنیا کسی عظیم قوت کی قوتِ تخلیق سے وجود میں آئی ہے۔ بتدریج ترقی کے مراحل سے گزرتی ہوئی اپنی موجودہ حالت کو نہیں پہنچی ہے۔ آیندہ جو مختصر تفصیلات بیان ہوں گی ان کی روشنی میں آپ خود اندازہ لگا سکیں گے کہ خدا ناشناس سائنس اب اپنے اختتام کو پہنچنے والی ہے اور ۲۱ویں صدی انسان کو اپنے کھوئے ہوئے خدا سے پھر ملا دے گی۔

ڈی این اے زندگی کا کوڈ

ڈی این اے میں موجود فرمانِ الٰہی جب سائنس کی سمجھ میں آنے لگا تو سب سے پہلے یہ مانا جانے لگا کہ زندہ اشیا ایسی مکمل اور پیچیدہ ترتیب و ترکیب کا مرکب ہیں کہ یہ حادثاتی طور پر کسی اتفاق کے تحت وجود میں نہیں آسکتیں جب تک یہ کسی بڑے ماہر اور قادر مطلق بنانے والے کی کارگزاری نہ کہی جائے۔ اگر کسی مقام پر اینٹ، پتھر، گارا، مٹی، قالین، ایر کنڈیشنر، ٹی وی اور ریفریجریٹر اور دیگر سامان موجود ہو اور پھر اچانک ایک حادثہ یا اتفاقی واقعہ ایسا ہو جائے کہ یہ سب مل کر بادشاہ سلامت کا محل بن کر اُبھر آئے، یہ جادو کی کہانی تو ہو سکتی ہے ایک سائنسی حقیقت کبھی نہیں ہو سکتی۔ اب ڈی این اے میں چھپے ہوئے تین بلین (۳ x ۱۰۹) یا ۳ ارب کیمیائی حروف کو decode کرنا اور انسانی ڈی این اے میں موجود ۵۸ فی صد ڈاٹا صحیح ترتیب و سلسلے (sequence) میں لانا ممکن ہو گیا۔ اتنا اہم اور کامیاب پراجیکٹ بھی اس کے لیڈر ڈاکٹر فرانسس کولنز (Francis Collins) کے بقول ابھی پہلا قدم ہے جو ڈی این اے میں چھپی معلومات حاصل کرنے کی طرف اٹھایا گیا ہے۔ معلومات کے اس ذخیرے کو حاصل کرنے میں اتنا زمانہ کیوں لگا اس سوال کا جواب ملے گا اگر ہم یہ جاننے کی کوشش کریں کہ ڈی این اے میں کس نوعیت کی معلومات پوشیدہ ہیں۔

ڈی این اے کی دنیا

ڈی این اے ہمارے جسم کے ۱۰۰ ٹریلین (۱۰۱۴، یا ۱۰۰ کھرب) خلیوں میں

سے ہر ایک خلیے کے مرکزے (nucleus) میں بڑی حفاظت سے موجود ہوتا ہے۔ ہر خلیے کا قطر ۱۰ مائی کرون (micron) ہوتا ہے۔ مائی کرون m۶-۱۰ کو کہتے ہیں۔ گویا میٹر کا دس لاکھ واں حصہ یا ملی میٹر کا ایک ہزارواں حصہ۔ اتنے چھوٹے خلیے کے درمیان ڈی این اے محفوظ ہوتا ہے۔ اس ڈی این اے میں انسانی جسم کی ساخت اور بناوٹ کی تمام تر تفصیلات اتنی وسعت، گیرائی اور گہرائی کے ساتھ لکھی ہوئی ہیں کہ اس کا وجود اللہ رب العزت کی صناعی کی اپنے آپ میں ایک مثال ہے۔ اپنے سمجھنے کے لیے ان معلومات کو صرف سلسلہ ترتیب میں لا کر انسان پھولا نہیں سما رہا ہے۔ اس علم کو ایک عظیم الشان شعبہ علم سے وابستہ کر کے اس کو جینیات (Genetices) کا نام دیا گیا ہے۔ ۱۲ ویں صدی کی یہ علمی شق ابھی گھٹنوں چلنے کی عمر میں ہے۔ اس میدان میں ابھی اور نہ جانے کیا کیا انکشافات ہونے ہیں۔

ڈی این اے میں زندگی

آج مثلاً ۲۵ سال کی عمر میں ہم اپنا سراپا آئینے میں دیکھیں تو یہ بے داغ جسم، یہ حسین و پُرکشش شکل و شباہت، یہ صحت و تندرستی، یہ علم و دانش سے آراستہ ذہن و عقل کس طور ترقی کرتے ہوئے اس حال کو پہنچیں گے، یہ علم ۲۵ سال اور ۹ ماہ پہلے اس ڈی این اے میں لکھ دیا گیا تھا جو ماں کے پیٹ میں سب سے پہلے بار آور شدہ بیضے (fertilized egg) کے خلیے کی شکل میں نمو پایا تھا۔ اتنا ہی نہیں ہماری لمبائی چوڑائی، وزن، ناک نقشہ، چہرہ مہرہ، بالوں اور آنکھوں کا رنگ، جلد کی رنگت،

خون کی قسم وغیرہ نطفہ ٹھیرنے سے شروع ہو کر موت تک روز بروز ماہ بہ ماہ، سال بہ سال تبدیلیوں کا حال ایک مکمل تسلسل کے ساتھ ڈی این اے میں موجود رہتا ہے۔ مثلاً اس میں لکھا رہتا ہے کہ کب کب خون کا دباؤ زیادہ ہو گا اور کب کم رہے گا۔ کب سر کا پہلا بال سفید ہو گا اور کب ڈور کی اور قریب کی نظر کمزور ہو جائے گی۔

انسانی خلیے میں ضخیم انسائی کلوپیڈیا

ہم معلومات کے ذخیروں کو انسائی کلوپیڈیا کی طرز پر جانتے ہیں۔ ڈی این اے میں پوشیدہ معلومات کا ذخیرہ کوئی معمولی ذخیرہ نہیں۔ ایک ڈی این اے میں موجود معلومات کو اگر کتابی شکل میں منتقل کیا جائے تو یہ برطانوی انسائی کلوپیڈیا کے ۱۰ لاکھ صفحات پر مکمل ہو گا۔

ذرا تصور کریں کہ انسانی جسم کے ۱۰۰ ٹریلین خلیوں میں سے ہر خلیے کے مرکزے کے اندر ایک مالیکیول (molecule) جس کا نام ڈی این اے ہے، ملتا ہے۔ اس کا سائز ایک ملی میٹر کا ایک ہزارواں حصہ ہے اور اس میں وہ معلومات درج ہیں جو دنیا کے سب سے بڑے انسائی کلوپیڈیا بریٹانیکا سے ۴۰ گنا زیادہ ہیں جو اسی انسائی کلوپیڈیا جیسی ۹۲۰ جلدوں میں سما سکے گا، جس میں متعدد معلومات کی ۵ بلین (۵ x ۱۰۹) قسمیں یا جزئیات (pieces) محفوظ ہیں۔ اگر ہر ایک جز کو پڑھنے پر صرف ایک سیکنڈ صرف کیا جائے اور ۲۴ گھنٹے متواتر پڑھنے کا سلسلہ رہے تو اسے ایک بار پڑھنے کے لیے ۱۰۰ سال لگ جائیں گے۔ ۹۲۰ جلدوں کی ان کتابوں کو اگر

ایک دوسرے کے اُوپر سجایا جائے گا تو ۷۰ میٹر اونچا کتابوں کا مینار تیار ہو جائے گا۔ یہ سب معلومات اس ذرے میں سما دی گئی ہے جو پروٹین، چربی اور پانی کے چند مالیکیولوں سے مرکب ہے۔

جی جی تھامسن نے لکھا تھا کہ ہماری زمین پر کل جان دار اشیا ایک ہزار ملین ہیں۔ ان تمام اشیا کی معلومات ڈی این اے کی شکل میں جمع کی جائے تو چائے کے ایک چمچے میں آجائیں گی اور پھر بھی جگہ خالی رہے گی۔

خلیے میں دانائی

جسمِ انسانی کے سارے ۱۰۰ ٹریلین خلیے عجب حکمت اور دانش مندی کا ثبوت فراہم کرتے ہیں۔ یہ بظاہر بے جان ایٹموں کا مجموعہ ایک بے روح شے ہونا چاہیے۔ ہم اگر تمام عناصر کے ایٹم جمع بھی کرلیں، ان کو کسی بھی ترتیب سے لگا لیں مگر وہ دماغ، وہ سمجھ بوجھ اس ذخیرہ ایٹم سے حاصل نہیں کرسکتے جو کسی عمل کو سلیقے، سلسلے اور ترتیب کے ساتھ انجام دینے کے لیے ضروری ہے۔ جس طرح ہر عقل و سمجھ بوجھ والے کام کے لیے ضروری ہے کہ کسی دانش مند نے اس کام کو انجام دیا ہو، وہ کمپیوٹر ہو یا کوئی اور کام ہو، اسی طرح ڈی این اے بھی اپنے بنانے والے سے عقل و دانش اور سمجھ بوجھ لے کر آیا ہے۔

ڈی این اے کی زبان اور قوت گویائی

ہماری زبان میں 'الف' سے 'ے' تک حروف تہجی ہیں۔ انگریزی زبان A سے Z تک ۲۶ حروف سے بنتی ہے۔ ڈی این اے کی زبان میں صرف چار حروف ہیں: A-T-G-C۔ ان میں سے ہر ایک حرف ان خاص بنیادوں (bases) میں سے ایک ہے جو نیوکلیوٹائیڈس (nucleotides) کہلاتے ہیں۔ دسیوں لاکھ bases ایک ڈی این اے میں قطار در قطار ایک بامعنی ترتیب اور سلسلے کی کڑی بنائے رکھتے ہیں اور یہ سب مل کر ایک ڈی این اے کا مالیکیول بناتے ہیں۔

G،T،A اور C میں سے کوئی بھی دو مل کر ایک اساسی جوڑا بناتے ہیں جسے اساسی جوڑا (base pair) کہا جاتا ہے۔ یہی اساسی جوڑے اُوپر تلے جمع ہو کر جین بن جاتے ہیں۔ ہر جین جو کسی مالیکیول ڈی این اے کا ایک حصہ ہوتا ہے، انسانی جسم کے کسی نہ کسی حصے کے بارے میں معلومات محفوظ کیے ہوئے ہوتا ہے۔ یہ اس جسمانی حصے کی نمایاں خصوصیات، وضع قطع، ڈیل ڈول، ہیئت، خدوخال، صورت، شکل، حلیہ، رنگ وروپ جو کسی فردِ خاص کی انفرادیت سے متعلق مفصل کیفیت کہی جاسکتی ہے، اس جین میں درج ہوتی ہے۔ اب انسان کی لاتعداد خصوصیات ہیں۔ یہ لمبائی ہو، آنکھوں کا رنگ ہو، ناک منہ کی ندرتیں ہوں یا کان بڑا یا چھوٹا ہو، یہ سب جین میں موجود پروگرام کے مطابق بنتے اور سنورتے جاتے ہیں اور جسم کا ہر ہر حصہ جین کے حکم کے مطابق پروان چڑھتا ہے۔

ایک انسانی خلیے کے ایک ڈی این اے میں ۲ لاکھ جین ہوتے ہیں۔ ہر جین مخصوص نیوکلیوٹائیڈس کے بالکل انفرادی سلسلہ ترتیب سے بنا ہوتا ہے۔ ان نیوکلیوٹائیڈس کی تعداد اس پروٹین کی قسم پر منحصر ہوتی ہے جس سے یہ وجود پاتا

ہے۔ پروٹین کی یہ تعداد ۱۰۰۰ سے ایک لاکھ ۸۶ ہزار تک ہو سکتی ہے۔ اس جین میں جسم انسانی میں موجود ۲ لاکھ قسموں کی پروٹین کا کوڈ بھی چھپا ہوتا ہے اور وہ نظام بھی موجود رہتا ہے جس کے تحت یہ تمام پروٹین ضرورت کے مطابق جسم میں پیدا ہوتے رہتے ہیں۔

خیال رہے کہ ایک جین بے چارہ ڈی این اے کا صرف ایک معمولی سا حصہ ہے۔ ۲ لاکھ جینز میں محفوظ معلومات یا کوڈ ڈی این اے میں موجود کل معلومات کا صرف ۳ فی صد ہی ہوتی ہیں۔ ۹۷ فیصد دفترِ علم ابھی ہماری بساط آگہی کے لیے پردۂ راز میں ہے۔ یہ بات تو مان لی گئی ہے کہ یہ ۹۷ فیصد علم جس تک ابھی انسان کی رسائی ممکن نہیں ہو سکی ہے، انسانی خلیے کی بقا اور ان مکانیات (mechanisms) سے متعلق جو انسانی جسم میں انتہائی پیچیدہ عوامل کے کنٹرول کا باعث ہوتے ہیں بڑی ناگزیر معلومات رکھتے ہیں۔ صرف ۳ فی صد معلومات کا پتا ملنے پر عقل انسانی حیران ہے، دانش و فکر پر سکتہ طاری ہے، ابھی مزید ۹۷ فی صد پوشیدہ معلومات تک پہنچنا ایک لمبا سفر ہے جو جاری ہے۔

جین خود بھی کروموسوم (chromosomes) میں واقع ہوتے ہیں۔ جنسی خلیے کے علاوہ ہر انسانی خلیے میں ۴۶ کروموسوم ہوتے ہیں۔ ہر کروموسوم ایک کتاب علم کی طرح ہے کہ ایک انسان کے متعلق تمام معلومات ۴۶ جلدوں کی کتابوں میں بند رہتی ہے، اور یہ سب بسیط معلومات کا وہ خزانہ ہے کہ جسے ورقِ کتاب پر لایا جائے تو برطانوی انسائی کلوپیڈیا کی ۹۲۰ جلدوں تک پھیل جائے۔

ہر انسان کے ڈی این اے میں حروف A، T، G اور C کا سلسلہ (sequence

) مختلف ہوتا ہے۔ یہی وجہ ہے کہ روئے زمین پر جتنے انسان پیدا ہو چکے ہیں اور قیامت تک جو اسی طرح پیدا ہوتے رہیں گے، وہ تمام کے تمام ایک دوسرے سے مختلف ہیں۔

ذرا سوچیں کہ ہر انسان کے تمام اعضا کا نام مختلف نہیں ہے، یعنی آنکھ، ناک، منہ، دل، گردہ وغیرہ سب کے پاس ہے۔ پھر بھی ہر شخص کچھ ایسے خاص انفرادی اور بڑے تفصیلی طریقے پر پیدا ہوا ہے کہ سب کے سب ایک خلیے کے تقسیم در تقسیم ہونے کے عمل سے پروان چڑھنے کے باوجود ایک ہی بنیادی بناوٹ رکھتے ہوئے بھی ایک دوسرے سے مختلف ہیں۔

ہمارے تمام اعضا ایک منصوبے کے تحت پروان چڑھے ہیں جو ہمارے جین میں لکھا ہوا ہے۔ سائنس دانوں نے جو خاکہ مکمل کیا ہے اس کے تحت جسم کے مختلف اعضا کو کنٹرول کرنے والے جین کی تعداد مختلف ہے۔ مثلاً ہماری کھال کو جو جین کنٹرول کرتی ہیں ان کی تعداد ۲۹۵۵ ہے۔ اسی طرح دماغ کو ۲۹۹۳۰، آنکھ کو ۱۷۹۴، لعابِ دہن کو ۱۸۶، دل کو ۶۲۱۶، سینے کو ۴۰۰۱، پھیپھڑوں کو ۱۱۵۸۱، جگر کو ۲۳۰۹، آنتوں کو ۳۸۳۸، دماغی پٹھوں کو ۱۱۹۱، اور خون کے سیل کو ۱۱۹۲ جین کنٹرول کرتے ہیں۔

ڈی این اے کے حروف کا سلسلہ ترتیب انسانی بناوٹ کی تمام تر تفصیلات طے کرتا ہے۔ معمولی سے معمولی تفصیل بھی اس کے احاطے میں ہے۔ صرف آنکھ، ناک، چہرہ مہرہ اور ظاہری حسن و جمال ہی نہیں، ایک سیل میں نصب ڈی این اے انسانی جسم میں موجود ۲۶۰ ہڈیوں، ۶۰۰ پٹھوں (muscles) اور ۱۰ ہزار

auditory muscles (کان سے متعلق پٹھے) کے نیٹ ورک اور ۲۰ لاکھ optic nerves (آنکھ سے متعلق) اور ۱۰۰ بلین nerve cells اور تمام کے تمام ۱۰۰ ٹریلین خلیوں کا مکمل ڈیزائن اپنے اندر سمائے ہوئے ہوتا ہے۔

اس وسیع سمندر کا اندازہ لگایئے اور علم کی کائنات کی سب سے پیچیدہ مشین 'آدمی' کے جسم و عقل اور فہم و ادراک کے پروان چڑھنے کا علم حیرت انگیز طور پر ایک ڈی این اے میں قطار در قطار جمع کر دیا گیا ہے۔ یہ بھی حقیقت ہے کہ اگر ڈی این اے کے حروف کے سلسلہ ترتیب (sequence) میں ذرا بھی نقص رہ جائے تو ممکن ہے آپ کی آنکھیں چہرے پر ہونے کے بجائے آپ کے گھٹنے پر نمودار ہو جائیں اور آپ کے ناک، کان، ہاتھ پاؤں، سر اور کمر اپنے موجودہ مقام سے ہٹ کر کسی بے ہنگم جگہ پر وارد ہو جائیں، ڈی این اے کا یہ مکمل نظام آپ کے بے داغ ڈیل ڈول اور ہر اعتبار سے مکمل انسان ہونے کا ضامن ہے۔

اب اگر کوئی کہے کہ ڈی این اے کا منظم سلسلہ کسی اتفاقی حادثے کا نتیجہ ہے یا ناگہانی واقعہ ہے تو کوئی کم عقل بھی یہ بات نہ مانے گا۔ اتفاقات کا امکان یا احتمال، ریاضی میں امکان (probability) کے حساب سے معلوم کیا جاتا ہے۔ یہ وہ نسبت ہے جو کسی اغلب حالت کو جملہ ممکنہ حالات سے ہو۔ آج ریاضیات نے یہ بھی حساب لگا دیا ہے کہ محض اتفاق سے ایک ڈی این اے کے ۲ لاکھ جین میں سے کسی ایک جین کی بھی ترتیب اس مخصوص سلسلے سے ہموار ہو جانے کی نسبت صفر کے برابر ہے۔

فرانسس کرِک (Francis Crick) کو ڈی این اے کی ریسرچ پر نوبل

انعام سے نوازا گیا۔ یہ خود بڑا پکا حامی ارتقا تھا مگر کہتا ہے کہ: "ایک انصاف پسند انسان، ان معلومات کی روشنی میں جو اب تک ہمارے پاس ہیں، صرف اتنا کہہ سکتا ہے کہ ایک خاص معنی میں، انسانی زندگی کی ابتدا اس وقت تو ایک کرشمہ ہی معلوم ہوتی ہے"۔

خیال رہے کہ بچوں میں (Haemophilia Leukemia) ڈی این اے کے کوڈ میں خرابی واقع ہو جانے سے ہوتا ہے۔ کینسر کی تمام قسمیں اسی نازک توازن کے بگڑ جانے سے ہوتی ہیں۔ یہ خرابی کسی بھی ایک ڈی این اے کے کسی ایک اساسی جوڑے میں توازن نہ ہونے سے ہو جاتی ہے۔ یہ خرابی A،T،G،C حروف میں مثلاً ایک بلین ۶۸۱ ملین ۷۵۴ ہزار اور ۶۳۲ ویں اساسی جوڑوں میں ہو سکتی ہے۔ اتنی کثیر تعداد میں اساسی جوڑے، ہر خلیے میں ڈی این اے اور تمام ٹوٹتے بنتے اور تقسیم در تقسیم ہوتے خلیوں میں توازن بر قرار رکھنے کا نظام بھی ڈی این اے کے کوڈ میں چھپا ہوتا ہے۔

ڈی این اے کا اپنی نقل بنانے کا عمل

ڈی این اے کی تحیر خیز دنیا میں اپنی ہی نقل یا خود ساختہ نقشِ ثانی بنانے (self replication) کا عمل انتہائی تیزی سے جاری رہتا ہے، سب جانتے ہیں کہ انسانی جسم کی ابتدا ماں کے پیٹ میں ایک خلیے سے ہوتی ہے۔ پھر یہ خلیہ تقسیم ہو جاتا ہے اور نئے خلیے وجود میں آتے جاتے ہیں جو کہ ایک سے دو، دو سے چار، اور اسی طرح

۴-۸،۱۶-۳۲،۶۴ ۱۲۸ کی نسبت سے تقسیم ہو کر جنم لیتے جاتے ہیں۔

خلیہ تقسیم ہو کر دوسرا خلیہ بناتا ہے اور ہر خلیے کو ایک ڈی این اے چاہیے اور ڈی این اے کی کڑی خلیے میں ایک ہی ہوتی ہے۔ اس ضرورت کو پورا کرنے کے لیے ہر تقسیم ہوتا ہوا خلیہ اپنا ہم شکل ڈی این اے خود پیدا کرتا ہے۔ ہر خلیہ ایک خاص سائز کا ہوتا ہے۔ تقسیم ہو کر دوسرا خلیہ بنانے کا فیصلہ کرتا ہے۔ خلیے میں شعور اور یہ ایقان کہاں سے آیا، خلیے کے ساتھ ساتھ ڈی این اے کی تقسیم کا خفیہ عمل بڑے دل چسپ طریقے پر ہوتا جاتا ہے۔

ڈی این اے کا مالیکیول جو شکل میں ایک چکر دار زینے کی طرح ہوتا ہے تقسیم ہو کر دو حصوں میں zip کی طرح کھل جاتا ہے۔ یہ دونوں طرف سے غائب ادھورے حصے اسی اطراف میں موجود مادہ سے اپنی انوکھی تکمیل کو پہنچتے ہیں اور ایک سے دوسرا ڈی این اے وجود میں آجاتا ہے۔ تقسیم کے ہر دور میں خاص پروٹین اور خامرہ کسی ماہر روبوٹ (robot) کی طرح کام کرتے رہتے ہیں۔ تمام تفصیل کا ذکر ممکن ہے مگر اس کے لیے بہت سے صفحات بھی ناکافی ہوں گے۔

خامرے (enzymes) وہ کارندے ہیں جو ہر قدم پر یہ چیک کرتے ہیں کہ کوئی غلطی اگر ہوگئی ہے تو فوری طور پر اس کی اصلاح ہو جائے۔ ہر منٹ میں ۳ ہزار اساسی جوڑے پیدا ہو جاتے ہیں اور نگرانی کرنے والے خامرے ضروری ترمیم، اصلاح اور رد و بدل بھی کرتے جاتے ہیں تاکہ نئے پیدا ہوئے ڈی این اے میں غلطی کا امکان نہ رہے۔ اس لیے ڈی این اے کے حکم سے مرمت کر سکنے والے زیادہ خامرے پیدا ہوتے ہیں۔ گویا ڈی این اے میں خود اپنی حفاظت کا، اپنی

افزائشِ نسل کا اور نسلوں کو محفوظ اور برقرار رکھنے کا مکمل پروگرام کوڈ کیا ہوا ہوتا ہے۔

اب دیکھیے کہ خلیے پیدا ہوتے ہیں اور مرتے جاتے ہیں۔ آپ کے جسم میں جو خلیے چھے ماہ پہلے تھے ان میں سے آج ایک بھی باقی نہیں ہے۔ ان کی عمر بہت کم ہوتی ہے، میرے سب خلیے مر چکے ہیں مگر میں زندہ ہوں اس لیے کہ ہر خلیے نے بروقت اپنا ہمزاد پیدا کرنے کا عمل مکمل کر لیا تھا۔ یہ عمل انتہائی مہارت سے مکمل ہوتا ہے کہ کسی غلطی کا امکان ۳ بلین اساسی جوڑوں میں سے صرف ایک میں ہو سکتا ہے اور یہ غلطی بھی بڑے اعلیٰ تکنیکی انداز میں سنوار دی جاتی ہے۔

سب سے زیادہ دل چسپ بات یہ ہے کہ یہ خامرے جو پل پل ٹوٹتے بنتے بکھرتے اور سنورتے ڈی این اے کو پیدا کرنے کی ذمہ داری نبھاتے ہیں وہ دراصل مختلف قسم کی پروٹین ہیں جن کے پیدا ہونے کی ترتیب اور سلسلہ بھی اسی ڈی این اے میں کوڈ کیا ہوا ہے اور اسی ڈی این اے کے حکم کے تابع ان کا نظام عمل چلتا ہے جس کی افزائش کی دیکھ بھال ان کو کرنی ہے۔

یہ کائنات ابھی ناتمام ہے شاید
کہ آرہی ہے دما دم صدائے کن فیکون

فلسفہ ارتقا کہتا ہے کہ انسان درجہ بہ درجہ کچھ فائدہ مند اتفاقات کے نتیجے میں پیدا ہوا ہے۔ خامرے اور ڈی این اے کا بیک وقت وجود میں آتے جانا اور ان کا انوکھا تال میل کسی بڑے تخلیق کار (Creator) کا کارنامہ ہے اور وہ ہستی اللہ کی

ہے، دنیا بھر کے دانش ور یہ حقیقت جانتے جا رہے ہیں۔

سائنس کے پاس جواب نہیں ہے کہ ڈی این اے میں یہ معلومات کہاں سے آئیں، ہر زندہ شے، مچھلی، کیڑے مکوڑے، چرند و پرند اور انسان کے ڈی این اے مختلف کیوں ہوتے ہیں، خود ڈی این اے کا وجود اور ابتدا کیسے ہوئی۔ اس عمل کو سمجھنے کے لیے آر این اے کی ایک علیحدہ دنیا کا پتا چلا کہ خامرے کو آر این اے چلاتا ہے وغیرہ وغیرہ۔

خلاصہ یہ کہ زندگی دینے والے عناصر در عناصر مالیکیول، خلیہ، ڈی این اے، آر این اے، خامروں اور ہزاروں پروٹین سب جمع کر لیے جائیں تو بھی زندگی نہیں ملتی۔ تھک ہار کر ماننا پڑتا ہے کہ زندگی صرف تخلیق (creation) کے ذریعے ممکن ہے اور یہ خالق (Creator) کون ہے؟

اللہ تعالیٰ ہی معبود برحق ہے جس کے سوا کوئی معبود نہیں۔۔۔۔۔۔ وہ اس کے علم میں سے کسی کا احاطہ نہیں کر سکتے مگر جتنا وہ چاہے۔۔۔۔۔۔ وہ بہت بلند اور بہت بڑا ہے"۔ (البقرہ ۲:۲۵۵)

(بہ شکریہ ماہنامہ الفرقان، لکھنؤ، نومبر ۲۰۰۷ء)

* * *

ڈی این اے ٹیسٹ کیا ہے اور کیسے کیا جاتا ہے؟
محمد عکاشہ خان

ہر انسان کا ڈی این اے مختلف ہوتا ہے۔ ڈی این اے ٹیسٹ کے مدد سے انسان کے بارے میں مکمل معلومات حاصل کی جاسکتی ہیں۔

ڈی این اے، ڈی آکسی رائبو نیو کلیک ایسڈ کا مخفف ہے۔ اس میں انسانوں اور تمام جانداروں کے جسم میں پایا جانے والا وراثتی مادہ ہوتا ہے۔ انسانی جسم کی اکائی خلیہ ہوتی ہے۔ اس خلیے کے درمیان میں مرکزہ یا نیو کلئیس ہوتا ہے جس کے اندر ڈی این اے ہوتا ہے۔ انسانی جسم کے تمام خلیوں میں ایک جیسا ہی ڈی این اے پایا جاتا ہے۔ ہر انسان کا ڈی این اے دوسرے انسان سے مختلف ہوتا ہے۔ ہر انسان اپنے ڈی این اے کا نصف حصہ اپنی والدہ اور بقیہ اپنے والد سے وصول کرتا ہے۔ ان دونوں ڈی این اے کے مخصوص مرکب سے انسان کا اپنا ڈی این اے بنتا ہے۔ ڈی این اے میں انسان کے بارے میں بنیادی معلومات ہوتی ہیں مثلاً اس کی جنس، بالوں کا رنگ، آنکھوں کا رنگ اور جسمانی ساخت وغیرہ۔ اس کے علاوہ اس انسان کو کون کون سی بیماریاں لاحق ہونے کا امکان ہے، یہ بھی اس کے ڈی این اے سے معلوم کیا جاسکتا ہے۔

ڈی این اے کیا ہے؟

ڈی این اے یعنی کہ ڈی آکسی رائبو نیو کلیک ایسڈ انسانوں اور تمام جانداروں کے جسم میں پایا جانے والا وراثتی مادہ ہے۔ انسانی جسم کی اکائی سیل یونی خلیہ ہوتی ہے۔ اس خلیے کے درمیان میں نیو کلئیس پایا جاتا ہے جس کے اندر ڈی این اے ہوتا ہے۔ انسانی جسم کے تمام خلیوں میں ایک جیسا ہی ڈی این اے پایا جاتا ہے۔ ہر انسان کا ڈی این اے دوسرے انسان سے مختلف ہوتا ہے۔

ہر انسان اپنے ڈی این اے کا پچاس فیصد حصہ اپنی والدہ سے وصول کرتا ہے اور بقیہ پچاس فیصد والد سے۔ ان دونوں ڈی این اے کے مخصوص مرکب سے انسان کا اپنا ڈی این اے بنتا ہے۔ ڈی این اے میں انسان کے بارے میں سب معلومات ہوتی ہیں مثلاً اس کی جنس، بالوں کا رنگ، آنکھوں کا رنگ، سونے کے اوقات، عمر اور جسمانی ساخت وغیرہ۔ اس کے علاوہ اس انسان کو کون کون سی بیماریاں لاحق ہیں، یہ بھی اس کے ڈی این اے سے معلوم کیا جاسکتا ہے۔

ڈی این اے ٹیسٹ کیسے کیا جاتا ہے؟

جس شخص کا بھی ڈی این اے ٹیسٹ مقصود ہو اس کا بال، خون، ہڈی اور گوشت یا ان میں سے کسی ایک چیز کا نمونہ لیا جاتا ہے۔ سب سے پہلے انسانی خلیے میں سے ڈی این اے الگ کیا جاتا ہے اور پھر پولیمیریز چین ری ایکشن نامی طریقے کی مدد سے اس ڈی این اے کی لاکھوں کاپیاں بنالی جاتی ہیں۔ ان لاکھوں کاپیوں کی مدد سے ڈی این اے کی جانچ بہتر طریقے سے ہو سکتی ہے۔ ڈی این اے کو جانچنے کے

دعویٰ کرنے والوں کے ساتھ ڈی این اے میچ کر کے دیکھا جاتا ہے۔ اگر دونوں کے ڈی این اے مماثلت ہو تو ولدیت کا دعویٰ درست قرار پاتا ہے۔

مجرم کی شناخت کے لیے

ڈی این اے کی مدد سے مجرم کی شناخت بھی آسانی سے کی جاسکتی ہے۔ اگر جائے وقوع سے مجرم کا بائیولوجیکل نمونہ ملے تو اس کا ڈی این اے حاصل کر کے مکمل رپورٹ مرتب کر لی جاتی ہے۔ اس ڈی این اے کو اس خاص کیس میں نامزد ملزمان کے ڈی این اے سے میچ کر کے مجرم کی نشاندہی کی جاسکتی ہے۔

جین تھیراپی

اگر کسی خاندان میں کوئی مخصوص بیماری ہو تو وہ اپنے بچوں کی پیدائش سے پہلے ڈی این اے ٹیسٹ کی مدد سے جان سکتے ہیں کہ ان کے بچے میں بھی یہ بیماری ہو گی یا نہیں۔

جینیٹک جینیالوجی

اگر کوئی اپنے آباواجداد کے متعلق معلومات حاصل کرنا چاہے تو وہ بھی ڈی این ٹیسٹ کے ذریعے ممکن ہے۔

بعد ڈی این اے فنگر پرنٹ بنایا جاتا ہے۔ دو مختلف نمونوں کے ڈی این اے فنگر پرنٹ میں مماثلت دیکھ کر ان میں کسی تعلق کا تعین کیا جا سکتا ہے۔

حادثات کی صورت میں جب لاش کی شناخت بالکل ناممکن ہو تب ڈی این اے کے ذریعے ہی شناخت عمل میں لائی جاتی ہے۔ ڈی این اے ٹیسٹ کی مدد سے جانچا جاتا ہے کہ اس لاش کا ڈی این اے کس خاندان سے مل رہا ہے۔ ڈی این اے میں موجود جینیٹک کوڈ کے تقابلی جانچ سے معلوم کیا جا سکتا ہے کہ دو مختلف اشخاص میں کوئی خونی رشتہ ہے کہ نہیں۔ اسی لیے جھلسی ہوئی یا ناقابل شناخت لاشوں کے ڈی این اے نمونے لے کر دعویٰ دار لواحقین کے نمونوں سے ملائے جاتے ہیں۔ اگر جینیٹک کوڈ ایک جیسے ہوں تو خونی رشتہ ثابت ہو جاتا ہے اور لاش لواحقین کے حوالے کر دی جاتی ہے۔

ڈی این اے ٹیسٹ کے بعد ابہام کی بالکل گنجائش نہیں ہوتی۔ پاکستان میں فرانزک لیب، فرانزک سائنس دان اور ماہر عملے کی کمی کے باعث اس ٹیسٹ کو انجام دینے میں کافی مشکلات کا سامنا رہتا ہے اور اس کو مکمل ہونے میں ہفتہ بھی لگ جاتا ہے۔

ڈی این اے ٹیسٹ کیوں کیا جاتا ہے؟

ڈی این اے ٹیسٹ کے چند عام مقاصد درج ذیل ہیں۔

ولدیت ثابت کرنے کے لیے

اگر یہ جاننا ہو کہ کسی انسان کے حقیقی والدین کون ہیں تو اس انسان کا ولدیت کا